ESSAI

DE

CATÉCHISME LIBÉRAL

A L'USAGE DES

CONSCRITS DE LA POLITIQUE

TIMBRE

TIMBRE

PETIT-JACQUES

ÉLECTEUR

ESSAI

DE

CATÉCHISME LIBÉRAL

A L'USAGE DES

CONSCRITS DE LA POLITIQUE

PAR

ÉMILE RIBAN

PARIS

DUBUISSON ET Cᵒ, IMPRIMEURS-LIBRAIRES

5, RUE COQ-HÉRON, 5

—

1869

Tu viens d'accomplir ta vingt et unième année, Petit-Jacques.

Aux termes de la loi civile, tu es *majeur*.

Aux termes de la loi politique, tu es *électeur*.

Comme majeur, tu as la complète direction de tes affaires personnelles.

Comme électeur, tu as ta part dans la conduite et la surveillance des affaires de ton pays.

Tu deviens, à la fois, un homme et un citoyen.

Ton bon sens naturel et les exigences d'un travail journalier t'ont rendu capable de bien diriger ta vie privée.

Tout au contraire, ton inexpérience des questions politiques et sociales te fait redouter les obligations de l'électeur qui te sont dévolues par la loi.

Cette crainte est légitime. La Révolution, enivrée d'un triomphe un peu imprévu, s'est trop hâtée, sans doute, de proclamer le suffrage universel. Le peuple français a reçu, avant le temps, la direction de ses propres destinées. Il a acquis des droits qu'il ne sait pas encore défendre, et accepté des devoirs qu'il ne sait pas encore accomplir. Tout comme les hommes, les peuples ont leur minorité.

Il faut accepter cette situation, Petit-Jacques, et en affronter courageusement les difficultés.

C'est en toi-même que tu dois puiser la force qui t'est nécessaire pour réparer cette faute de la Révolution. C'est à ta volonté que tu dois demander ce qu'il ne t'est plus possible de demander au temps.

Les devoirs du citoyen sont sacrés, ne les déserte pas ; apprends à les exercer par l'étude, la réflexion et les conseils de ceux qui t'ont précédé dans la vie.

Tu connais sans doute ces écoles où l'on reçoit les premières notions de l'instruction, d'après le principe de l'*enseignement mutuel*.

Suivant ce mode d'éducation, ce sont les élèves eux-mêmes qui enseignent ce qu'ils savent à d'autres élèves moins avancés qu'eux. Celui qui commence à savoir lire, par exemple, fait la classe, en qualité de *moniteur*, à ceux qui ne connaissent pas encore leurs lettres, et ainsi de suite, jusqu'à la fin des études, chaque écolier est, à tour de rôle, élève et professeur.

Je crois ce procédé excellent en politique, et je vais le mettre en pratique avec toi. Je t'enseignerai le peu que je sais, et, lorsque tu seras aussi savant que ton moniteur, tu chercheras des maîtres plus forts, qui sauront compléter tes connaissances et enrichir ton esprit de vérités que tu pourras, à ton tour, transmettre à de plus ignorants que toi.

L'enseignement mutuel est une des conséquences obligées du suffrage universel.

Les mêmes devoirs nous étant communs, les mêmes lumières nous doivent être également communes ;

Et l'obligation de s'instruire, imposée à celui qui ne sait pas, crée pour celui qui sait le droit d'enseigner, et, pour tous, le droit de discuter.

Je n'ai pas la prétention, Petit-Jacques, de faire ici, d'une manière complète, ton éducation politique. Je veux seulement t'indiquer quelques-unes des questions sur lesquelles ton attention devra être plus particulièrement appelée.

Deux mots résument nos droits et nos devoirs comme citoyens.

Le mot de *liberté* pour les questions politiques. Le mot de *propriété* pour les questions sociales.

Il y a entre ces deux mots des liens plus étroits qu'on ne peut croire. Les mêmes principes leur sont souvent communs. Les mêmes raisonnements leur sont presque toujours applicables.

La liberté consacre l'indépendance du citoyen, c'est-à-dire de l'homme public; tout comme la propriété assure l'indépendance de l'homme privé.

Aujourd'hui, je te parlerai seulement de la liberté. Je le ferai en termes aussi brefs que possible. Je procéderai par *demandes* et par *réponses*, de manière à donner à ces premières notions un caractère élémentaire, qui les rendra plus faciles à saisir.

C'est une sorte de catéchisme que je vais tracer ici. Je l'appelle *Catéchisme libéral*, parce qu'il a pour but de te faire aimer la liberté et la justice.

ESSAI

DE

CATÉCHISME LIBÉRAL

———✦———

Quelle est la meilleure définition de la liberté ?

La meilleure définition de la liberté est celle-ci :

La liberté est le droit de faire TOUT CE QUI NE NUIT PAS A AUTRUI.

La liberté n'est donc pas le droit de faire tout ce qu'on veut ?

Non, sans doute. Le droit d'agir ou de parler dans un intérêt tout personnel cesse quand se manifeste le droit d'autrui.

Le droit que s'arrogerait un citoyen, par exemple,

de faire du bruit, la nuit, sur la voie publique, ou dans une maison habitée, cesserait devant le droit qu'ont les autres citoyens de reposer en paix.

Le droit d'offenser la morale par des manifestations ou des publications inconvenantes cesse devant le droit qu'a toute société de faire respecter sa pudeur et sa dignité.

Dans un autre ordre d'idées, le droit donné à un père de famille de priver ses enfants de toute instruction cesse devant le droit qu'ont ces mêmes enfants de devenir des hommes civilisés.

Le fait de nuire à autrui ne peut donc prendre le nom de liberté ?

Non; dans aucun cas !

Quand ce fait se produit en dehors de la loi, il se nomme ARBITRAIRE.

Quand il est autorisé par la loi elle-même, il se nomme PRIVILÉGE.

Ainsi, pour ne pas sortir des exemples que nous venons de citer :

Le citoyen qui trouble le repos d'autrui ou offense la morale publique n'use pas d'une liberté ; il commet un acte ARBITRAIRE, car aucune loi n'autorise un pareil abus.

Le père de famille qui prive ses enfants d'instruction et les condamne à une existence presque animale n'use pas d'une liberté ; il jouit d'un PRIVILÉGE ; car la loi autorise presque partout cet abus monstrueux.

Quelles sont les conditions essentielles d'une véritable liberté ?

Pour que la liberté règne dans une société, c'est-à-dire pour que personne ne puisse nuire à autrui, il faut que cette société soit *protégée* par une force supérieure qu'on appelle *la loi.*

La loi est représentée par *l'autorité*, c'est-à-dire par les fonctionnaires de tout ordre et de tout rang, chargés de son exécution.

La protection du citoyen ne peut donc être abandonnée au citoyen lui-même ?

Non, car, dans la défense de son droit, il pourrait dépasser le but, et d'opprimé devenir facilement oppresseur.

L'autorité a ainsi une double mission. Elle empêche tout citoyen de *nuire à autrui.* Elle empêche autrui de *se faire justice lui-même.*

Vouloir la liberté, c'est donc vouloir l'autorité ?

Incontestablement. Cette vérité ne saurait même être trop mise en lumière. On a tant abusé, d'une part, de ce grand nom de liberté. On a tant calomnié, d'autre part, les véritables amis de la liberté, que la confusion s'est faite dans beaucoup d'esprits, et qu'il faut proclamer bien haut que tout homme vraiment libéral est, par la force de la logique, partisan du principe d'autorité.

Mais si l'autorité a pour mission de combattre l'arbitraire au nom de la loi, n'est-ce pas à la condition de n'exercer aucun arbitraire, ni de réclamer aucun privilége à son profit?

Sans aucun doute, l'autorité, pas plus qu'un citoyen, ne peut avoir le droit de *nuire à autrui*, et toute loi qui ne soumet pas l'autorité à cette obligation commune est une mauvaise loi.

Pour que la liberté soit complète dans un pays, il faut donc :

1° Que les lois n'y admettent aucun privilége au profit d'un citoyen ou d'une classe de citoyens; c'est ce qu'on appelle LIBERTÉ CIVILE ;

2° Que les lois n'y admettent aucun privilége au profit de l'autorité; c'est ce qu'on appelle LIBERTÉ POLITIQUE.

Liberté civile et liberté politique, c'est la liberté tout entière.

La liberté a ainsi deux sortes d'ennemis à combattre.

Ceux qui sont en révolte permanente contre toute loi et contre toute autorité.

Ceux-là représentent l'ANARCHIE.

Et ceux qui, investis de l'autorité, s'en servent à leur profit et non au profit de tous.

Ceux-là représentent le DESPOTISME.

L'anarchie et le despotisme, toujours en guerre

avec le DROIT D'AUTRUI, sont les adversaires permanents de la liberté.

Et les ennemis de la liberté sont faciles à reconnaître. Au pouvoir et hors du pouvoir, ce sont toujours les mêmes hommes.

L'histoire enseigne que tout anarchiste qui arrive au gouvernement devient un despote, et que tout despote qui tombe du gouvernement redevient anarchiste.

Il ne faut point s'en étonner. La logique le veut ainsi.

Vous venez d'expliquer que l'autorité représente la protection du citoyen, protection absolument nécessaire à la pratique de la vraie liberté.

Mais l'autorité représente-t-elle seulement la protection ?

Non. L'autorité représente aussi la DIRECTION.

Toute agglomération d'hommes ayant les mêmes intérêts à défendre, et formant ce qu'on appelle une PATRIE, a besoin, comme l'homme lui-même, d'un cerveau qui pense et d'un bras qui agisse.

De là, pour toute nation, la nécessité d'un GOUVERNEMENT.

Quelles sont les conditions obligées d'un gouvernement ?

Un gouvernement régulier doit sa force à deux principes très-distincts, très-opposés ; mais qui, réunis, composent la puissance qui lui est nécessaire pour accomplir sa mission.

Ces deux principes sont :

La STABILITÉ ;

Et la PERFECTIBILITÉ.

La stabilité, c'est-à-dire la sécurité, absolument indispensable à la conduite des affaires publiques et au succès des entreprises de l'intérêt privé.

La perfectibilité, c'est-à-dire la faculté de se modifier sans cesse et sans fin, à chaque moment favorable, quand le progrès et l'intérêt public le réclament.

Ce problème a-t-il été résolu ?

Ce problème a été à peu près résolu par la DIVISION DES POUVOIRS.

La grande force protectrice et directrice tend de jour en jour, à ne plus être le privilége d'une seule autorité.

Grâce aux lumières de ces derniers temps, le formidable pouvoir dont étaient investis les souverains s'est considérablement amoindri dans leurs mains, et les peuples ont repris peu à peu la part qui leur revient dans la direction de leurs propres affaires.

En un mot, la MONARCHIE ABSOLUE est devenue MONARCHIE CONSTITUTIONNELLE.

Sous la forme de gouvernement appelée monarchie constitutionnelle, comment la force protectrice et directrice dont vous parliez tout à l'heure se trouve-t elle répartie ?

Elle est répartie de la manière suivante :

LE POUVOIR LÉGISLATIF, celui qui fait les lois ;
LE POUVOIR EXÉCUTIF, celui qui exécute les lois ;
LE POUVOIR JUDICIAIRE, celui qui juge au nom des lois ; c'est-à-dire celui qui les fait respecter par les deux autres pouvoirs et par la nation elle-même.

Ces pouvoirs ont-ils tous la même origine ?

Non. Afin que l'influence de ces trois pouvoirs soit aussi caractérisée et aussi puissante que possible, on a cherché, pour chacun d'eux, une origine distincte.

On a généralement adopté :

Pour le pouvoir législatif l'ÉLECTION ;

Pour le pouvoir exécutif, l'HÉRÉDITÉ ;

Pour le pouvoir judiciaire, l'INAMOVIBILITÉ.

Pourquoi citez-vous le POUVOIR LÉGISLATIF *le premier?*

Parce que c'est celui qui domine tous les autres.
Qu'il s'appelle :

ASSEMBLÉE NATIONALE ;

CHAMBRE DES DÉPUTÉS;

CORPS LÉGISLATIF.

Ce pouvoir, élu par la nation, renouvelé par la nation, est, on peut le dire, la nation elle-même, non pas la nation d'une époque, mais la nation de toutes les époques.

Les représentants du peuple succédant aux représentants du peuple, de même que les générations succèdent aux générations, et les idées politiques aux idées politiques, on peut proclamer que le pouvoir législatif est la volonté du peuple en permanence.

Ce sentiment de la hiérarchie politique doit être sacré pour tous.

L'obéissance que l'on doit à un chef cesse devant l'autorité d'un autre chef supérieur en grade.

Le magistrat, qui dépend du pouvoir judiciaire, le fonctionnaire public et le soldat, qui dépendent du pouvoir exécutif, ne doivent donc jamais oublier que le pouvoir législatif est le pouvoir suprême, et que l'on est doublement coupable quand on viole soi-même un principe que l'on est chargé de faire respecter.

Là où cette vérité est comprise, il n'y a à craindre ni révolution ni coup d'état.

———————

Le pouvoir législatif a, d'ailleurs, un autre attribut qui lui soumet naturellement les autres pouvoirs.

Il est, par essence, *pouvoir constituant*, c'est-à-dire qu'il a seul le droit de modifier la Constitution.

Il n'use de ce droit, toutefois, que pour obéir à une volonté du peuple, volonté manifestée lors des élections générales, par des votes significatifs.

Ou, encore, en présence d'événements imprévus, qui, au dedans comme au dehors, peuvent compromettre l'honneur ou la sécurité du pays.

Dans ces circonstances exceptionnelles, l'Assemblée législative prend le nom d'*Assemblée constituante*.

Le pouvoir exécutif et le pouvoir judiciaire ne peuvent donc être pouvoirs constituants?

Non. Le pouvoir exécutif commande à toutes les forces publiques ; mais il est le premier serviteur de la loi. C'est, en quelque sorte, un POUVOIR SUBORDONNÉ.

Le pouvoir judiciaire est aussi serviteur de la loi. C'est un POUVOIR ARBITRE.

Ils ne peuvent être ni l'un ni l'autre pouvoirs constituants ; car il serait inconséquent de laisser faire la loi à ceux qui lui doivent obéissance.

Le pouvoir législatif, investi des pouvoirs directs de la nation, est seul pouvoir constituant.

Où siége le corps qui représente le pouvoir législatif, et à quelle époque se réunit-il?

Le corps qui représente le pouvoir législatif siége, comme les autres pouvoirs, dans la ville capitale.

Il est en PERMANENCE, c'est-à-dire qu'il fixe lui-même l'époque et la durée de ses réunions.

Chargé de contrôler les actes du pouvoir exécutif, il doit aussi se réunir quand ce dernier pouvoir le convoque.

Vous venez de dire que le pouvoir législatif a pour base l'élection. C'est donc le peuple lui-même qui nomme le pouvoir législatif ?

Oui, mais la manière dont le peuple exerce le droit de suffrage varie nécessairement.

Le suffrage peut être UNIVERSEL OU RESTREINT.

Le suffrage universel se compose-t-il de l'universalité des citoyens ?

Non, on en retranche tout naturellement les MINEURS.

On en retranche tout naturellement aussi les FEMMES.

Les mineurs, à cause de leur incapacité.

Les femmes, à cause du rôle que Dieu leur a destiné, et qu'aucune loi ne peut méconnaitre sans froisser tout sentiment du beau et du vrai.

Est-ce là une question d'inégalité entre l'homme et la femme ?

Non, ce n'est pas une question d'inégalité, c'est une question de DISSEMBLANCE ou plutôt d'HARMONIE.

De même qu'on obtient l'harmonie en musique par des notes dissemblables en son ou en force, de même Dieu a créé l'harmonie humaine par une dissemblance notable entre l'homme et la femme.

Les touchantes et sympathiques qualités dont il a doué la femme sont le contrepoids naturel et nécessaire des aspirations si puissantes et si variées qu'il a données à l'homme.

Les passions de l'homme le poussent vers la lutte, la conquête, les entreprises hasardeuses. C'est une nécessité de la vie publique et de la vie privée.

Les sentiments que la femme a reçus de la nature sont, au contraire, l'horreur du sang versé, l'amour du foyer domestique, la sécurité pour le bien-être des siens.

Et c'est dans cette dissemblance qu'est l'harmonie, c'est-à-dire toute la force et tout le charme de notre existence.

Si l'on donnait aujourd'hui aux femmes le droit de voter, elles réclameraient demain, très-logiquement, le droit de prendre un fusil, pour concourir à une insurrection ou pour sauver la société.

Alors, l'équilibre serait rompu. Toutes les forces seraient, pour ainsi dire, du même côté de la balance. Plus de contre-poids, plus d'harmonie, et même, pouvons-nous dire, plus d'égalité. Car la femme n'a qu'une manière d'être l'égale de l'homme, c'est de rester femme.

Qu'entendez-vous par le suffrage restreint ?

Le suffrage restreint est exercé par une partie seulement des citoyens. Il a sa raison d'être dans un pays où la masse est encore dépourvue de l'instruction la plus vulgaire, et où l'on est obligé de reconnaître qu'il y a d'autres *mineurs* en politique que ceux qui n'ont pas vingt et un ans accomplis.

Comment cette partie d'électeurs est elle formée ?

De deux manières :

1° Elle peut être élue par la masse des citoyens, qui, reconnaissant qu'ils ne sont pas aptes à exercer eux-mêmes les droits politiques, ont cependant confiance dans les lumières de ceux qu'ils délèguent. C'est-à-dire que les citoyens nomment les *électeurs* et que les électeurs nomment les *députés*.

C'est ce qu'on appelle le suffrage A DEUX DEGRÉS.

2° Elle peut être aussi désignée par le sort.

La loi mentionne, dans ce cas, que tout citoyen qui contribue aux charges de l'État pour une somme de... est de droit électeur.

La grande difficulté de ce système, c'est la limite à choisir, c'est le chiffre à indiquer. Si le nombre des électeurs est trop restreint, la masse ne se trouve pas suffisamment représentée. Elle fait invasion, reprend ce qu'elle appelle ses droits et remet tout en question.

Si le nombre est trop étendu, et englobe une partie de la masse ignorante, l'équilibre cherché est facilement rompu. Et alors autant vaut le suffrage universel.

Le pouvoir exécutif, *avez-vous dit, est celui qui exé-cute les lois.*

De quel personnel se compose ce pouvoir ?

Il se compose de cette immense réunion de fonctionnaires civils et militaires qui, depuis le souverain et les ministres jusqu'au dernier des salariés de l'Etat, concourent au maintien de l'ordre public et à la direction générale des affaires intérieures et extérieures.

Vous dites que le pouvoir exécutif a pour base l'hérédité ?

Oui. En ce qui concerne le souverain seulement. Le besoin de *stabilité* mentionné plus haut a fait accepter, dans beaucoup de pays libres, le principe d'hérédité, dernier débris des priviléges engloutis par la Révolution.

Les hommes du vieux monde ont de telles habitudes monarchiques ; ils ont vu pendant si longtemps, les rois représenter tous les pouvoirs, qu'ils considèrent la monarchie comme la clef de voûte de tout édifice politique.

Les adversaires de la monarchie ont été obligés de tenir compte de la puissance de ce sentiment.

Ils ne gagnaient rien à le heurter. Car, si, en temps calme, les rois succèdent aux rois, en temps de révolution, ce sont les dynasties qui succèdent aux dynasties.

La volonté nationale était toujours la plus forte : et en réclamant d'une manière trop absolue la liberté sans la monarchie, on obtenait souvent la monarchie sans la liberté.

On a donc conservé le trône.

Mais en conservant le trône, on a créé au-dessus de lui, le pouvoir législatif, dont nous venons de parler et qui donne à la nation la véritable souveraineté.

En dehors du trône, le pouvoir judiciaire, qui assure la bonne exécution des lois.

Puis, enfin, le génie politique nous a mis en possession de deux véritables conquètes, qui, pratiquées avec intelligence et loyauté, garantissent à une nation l'exercice permanent de ses droits.

Ces deux conquêtes sont :

La responsabilité ministérielle

Et le droit d'initiative.

Qu'entendez-vous par responsabilité ministérielle?

Dans les gouvernements dits gouvernements parlementaires, la responsabilité n'appartient pas au souverain ; elle appartient aux ministres. C'est-à-dire que ceux-ci, bien que nommés par le souverain, sont contrôlés par le pouvoir législatif, et doivent quitter la direction des affaires quand la majorité de la Représentation nationale se prononce contre leur politique.

Quel avantage y a-t-il à ce que la responsabilité soit dévolue aux ministres?

Le plus grand avantage ; car alors la nation est

sûre que ses affaires intérieures et extérieures sont conduites en pleine lumière, et suivant sa volonté.

La dignité du pouvoir exécutif n'a-t-elle point à souf-frir de cet ordre de choses?

Au contraire, la dignité de chacun ne peut qu'y gagner.

Tout ministre qui se voit en désaccord avec le pouvoir législatif au sujet d'une question politique importante quitte le pouvoir par déférence pour la volonté nationale, et cède la place à celui qui repré-sente la politique qui a prévalu dans le Parlement.

En quittant le pouvoir, il réserve ses opinions, dont il ne veut pas faire le sacrifice. Le respect de tous lui est acquis, et sa dignité reste intacte.

Il n'en est pas de même dans un pays où le sou-verain est responsable. Celui-ci ne peut céder sa place à personne. Il est donc forcé, en obéissant au Parlement, de suivre une autre politique que celle qu'il avait conçue et préparée. La majesté du trône s'en trouve amoindrie, et la conduite des affaires peut en souffrir; car, agir contre sa conviction n'est pas, pour un homme d'Etat, une condition de succès.

Dans une constitution politique, *hérédité* et *respon-sabilité*, placées sur une même tête, sont choses qui se contredisent absolument.

Qu'entendez-vous par droit d'initiative?

On entend par droit d'initiative, le droit de pré-senter un projet de loi au pouvoir législatif, lequel, après avoir examiné et adopté ce projet, peut l'inscrire dans nos codes et en faire une des lois du pays.

A qui doit-on donner, de préférence, le droit d'initiative?

Il peut être donné sans inconvénient à tous les pouvoirs et à tous les citoyens. Aux pouvoirs, par la faculté de présenter directement un projet de loi à la discussion du pouvoir législatif; aux citoyens, par le droit donné à chacun d'eux d'adresser une PÉTITION, également au pouvoir législatif, avec obligation, pour ce dernier, d'examiner et de discuter publiquement la pétition, et d'y faire droit, si elle rencontre l'approbation de la majorité.

La responsabilité ministérielle et le droit d'initiative représentent-ils donc toute la liberté politique?

Ils en représentent au moins les éléments principaux, au moyen desquels toutes les libertés peuvent naître, se perfectionner et vivre.

Ainsi :

LA LIBERTÉ DE LA PRESSE, c'est-à-dire le droit de publier sa pensée ;

LA LIBERTÉ DE RÉUNION, c'est-à-dire le droit de s'éclairer publiquement par la discussion ;

LA LIBERTÉ DU VOTE, c'est-à-dire le droit de se prononcer en toute sincérité, en dehors de toute pression, prenant pour juge sa conscience seule.

Toutes ces libertés ne sont rien sans le droit d'initiative, et la responsabilité ministérielle.

Qu'importe qu'un citoyen vote, écrive, discute, pétitionne, si le droit d'initiative n'est pas donné à la représentation nationale?

Adressés à un souverain qui aurait seul le droit d'initiative, les écrits, les pétitions, les votes mêmes ne sont plus que des SUPPLIQUES. La liberté politique n'existe pas. Il n'y a point de citoyens ; il n'y a que des sujets.

En résumé.

L'INITIATIVE représente la *pensée*.

La RESPONSABILITÉ représente l'*action*.

Et les constitutions qui ont donné aux souverains seuls ces deux formidables priviléges ont proclamé que le génie politique ne pouvait naître ailleurs que sur les marches du trône.

Le mépris de l'humanité ne saurait aller plus loin.

Qu'avez-vous à dire au sujet du POUVOIR JUDICIAIRE?

Je ne vous parlerai point du pouvoir judiciaire civil, c'est-à-dire de la magistrature chargée de juger les procès entre citoyens.

Je parlerai seulement du pouvoir judiciaire politique, c'est-à-dire de l'Assemblée qui s'est appelée, suivant les temps et les constitutions, SÉNAT OU CHAMBRE DES PAIRS.

J'en dirai peu de chose, d'ailleurs; car ce pouvoir n'a point marqué dans l'histoire des peuples libres.

Vous avez dit que ce pouvoir avait pour base l'inamovibilité?

Oui, comme la magistrature civile, le pouvoir judiciaire est composé de membres inamovibles, c'est-à-dire nommés à vie.

Cette haute situation, qu'aucune volonté ne peut modifier, a paru suffisante au législateur pour donner à celui qui en est investi l'indépendance nécessaire à l'accomplissement de sa mission.

Quelle est en résumé cette mission?

La mission du pouvoir judiciaire est le contrôle permanent des actes du pouvoir exécutif et des lois votées par le pouvoir législatif.

Juge du pouvoir exécutif, il doit veiller à ce que les décrets et ordonnances rendus par ce pouvoir soient conformes aux lois. Il a, comme le pouvoir législatif le contrôle du budget.

Juge du pouvoir législatif, il doit s'assurer qu'en votant une nouvelle loi, ce pouvoir a su respecter le droit d'initiative appartenant à tous les corps de l'État, ou le droit de pétition appartenant à tous les citoyens.

Il doit examiner toutes les lois nouvelles; les promulguer, si ces lois ne présentent aucune contradiction avec les lois déjà existantes, et, au contraire, les renvoyer à une seconde délibération du pouvoir législatif, si elles ne lui paraissent pas conformes aux principes généraux de la Constitution.

C'est là sa mission. Il ne doit point en avoir d'autres.

Par qui le pouvoir judiciaire doit-il être élu ?

En qualité de pouvoir *arbitre.* Il doit être élu, moitié par le pouvoir législatif, moitié par le pouvoir exécutif.

A quelles époques doit-il siéger ?

Il siége aussi longtemps que l'exigent l'examen des lois votées par le pouvoir législatif et le contrôle des décrets rendus par le pouvoir exécutif. Il est juge lui-même de la durée de ses sessions.

Toutefois, et dans des circonstances importantes, le pouvoir législatif et le pouvoir exécutif ont, chacun, le droit de le convoquer.

Qu'est-ce que la forme du gouvernement appelée RÉPUBLIQUE ?

La forme du gouvernement appelée République n'a pas encore été parfaitement définie.

Le mot *République* excite dans notre âme tous les sentiments généreux ; mais comme constitution politique, il veut signifier seulement qu'un peuple se gouverne lui-même et qu'une couronne portée par une famille souveraine est inutile à la direction des affaires et à la stabilité des institutions.

A part ce dernier point, les constitutions républicaines présentent entre elles de notables différences. Plusieurs problèmes politiques y sont restés sans solution.

Chez l'une, la liberté civile fait défaut ; car le citoyen y est obligé de se protéger lui-même.

Chez d'autres, la liberté politique est à peu près inconnue ; car les dictatures y succèdent aux dictatures.

Et la grande République française a été impuissante à créer une constitution qui pût la faire vivre elle-même et qui demeurât digne d'être léguée aux enfants de la Révolution.

A quelle cause doit-on attribuer cet insuccès trop souvent constaté de la République ?

A l'ignorance chez les hommes de tout ce qui concerne le droit social et politique et à l'absence de mœurs libérales.

C'est donc la lumière qu'il faut faire dans ce chaos?

Oui. C'est l'instruction qu'il faut répandre en la rendant GRATUITE et OBLIGATOIRE.

C'est aussi et surtout l'éducation morale et politique qu'il faut donner au citoyen pour qu'il sache faire respecter ses droits, en respectant ceux d'autrui.

C'est cette vérité enfin dont nous devons nous pénétrer tous, qu'avant de penser à faire des républiques, il faut s'occuper de faire des républicains.

D'ailleurs, le sentiment qui doit nous porter tous à faire du pouvoir législatif le grand pouvoir politique, est, on peut le dire, un sentiment républicain.

Quand la volonté nationale est une volonté éclairée, et que cette volonté est en permanence, le pouvoir exécutif et le pouvoir judiciaire ne jouent qu'un rôle secondaire dans une constitution politique.

Le pouvoir législatif absorbera peut-être un jour tous les autres pouvoirs. Que nous importe qu'il les laisse subsister, pouvu qu'il les domine.

Soyons tous d'accord, seulement pour reconnaître que l'autorité du pouvoir législatif doit être une autorité *permanente*.

Et que ce pouvoir doit être *pouvoir constituant.*

Une *Assemblée constituante* devient, en cas de crise, la solution naturelle de toute difficulté.

Dans de telles conditions, une nation est libre ; et, par une pratique loyale du gouvernement parlementaire, elle rendra possible la forme *républicaine*, qui deviendra un jour, dans sa grandeur et sa simplicité, la règle et l'honneur des générations futures.

Je ne t'en dirai pas davantage aujourd'hui, Petit-Jacques.

Les événements prennent une importance qui rend nécessaire un accord parfait entre tous les amis de l'ordre et de la liberté.

J'avais hâte de faire naître en toi le dévouement à la chose publique, et de te faire comprendre que l'indifférence en matière politique est funeste aux autres et à soi-même.

Je te répète ce que je t'ai dit en commençant :

« Les devoirs du citoyen sont sacrés, ne les « déserte pas. »

Il n'y a pas de spectacle plus triste au monde, que celui d'un peuple qui, après avoir longtemps lutté pour revendiquer ses droits, les abdique aussitôt qu'il les a conquis.

Paris. — Imp. Dubuisson et Cⁱᵉ, rue Coq-Héron, 5.